Die Schlüssel-Frage

Kriminal-Roman in einfacher Sprache

D1666248

Autor: Michael Kibler

in Zusammenarbeit mit:
Brigitte Edelmann
Günter Eisele
Brigitte Kraus
Patricia Püsche
Christian Rodemeister
Claudia Steinbrenner

Weitere Informationen finden Sie unter
www.krimi.bruderhausdiakonie.de
www.michaelkibler.com

Buchumschlag: Thomas di Paolo
Satz und Gestaltung: Grafische Werkstätte, BruderhausDiakonie Reutlingen
Druck: Grafische Werkstätte, BruderhausDiakonie Reutlingen

bruderhaus**DIAKONIE**
Stiftung Gustav Werner und Haus am Berg

Teil haben. Teil sein.

ISBN 978 3 938306 37 6

Michael Kibler

in Zusammenarbeit mit:
Brigitte Edelmann
Günter Eisele
Brigitte Kraus
Patricia Püsche
Christian Rodemeister
Claudia Steinbrenner

Die Schlüssel-Frage

Kriminal-Roman in einfacher Sprache

1. Kapitel

Johnny und seine Freundin Silvia saßen auf
einer Holzbank auf einem kleinen Parkplatz.
Ihr Motorrad, eine schwere Harley Davidson,
stand neben der Bank.

Johnny war seit 10 Jahren Kommissar
bei der Polizei in Reutlingen.
Er hieß mit Nachnamen Wolf.
Aber fast alle nannten ihn nur beim Vornamen.
Seine Freundin Silvia arbeitete
im Krankenhaus als Ärztin.

Sie hatten beide Urlaub. Am frühen Morgen
hatten sie die Packtaschen an der Harley befestigt.
Dann waren sie losgefahren.
Um die Mittagszeit wollten sie am Bodensee ankommen.
Das war ihr Ziel.

Auf einem Parkplatz machten sie die erste Pause.
Sie tranken leckeren Kaffee, den sie
in einer Thermoskanne mitgebracht hatten.
Die Sonne strahlte über die Schwäbische Alb.
Johnny legte den Arm um Silvia.
Sie streichelte liebevoll über seinen
etwas zu dicken Bauch.

Da klingelte Johnnys Handy.

Er sah auf die Anzeige.

Sein Chef rief an.

Johnny ärgerte sich über seinen Chef.

Der wusste doch, dass Johnny Urlaub hatte.

Und Johnny ärgerte sich über sich selbst.

Warum hatte er das blöde Handy
nicht einfach zu Hause gelassen?

Silvia stupste ihn in die Seite.

Sie sagte: „Komm, geh schon ran."

Johnny nahm das Gespräch an.

Johnnys Chef sagte: „Johnny,
gut, dass ich dich erreiche.

Du musst sofort zurück nach Reutlingen kommen.

Wir haben hier einen Einbruch.

Wir brauchen dich."

„Ich habe Urlaub.", antwortete Johnny.

„Das ist den Einbrechern doch egal.

Vielleicht kannst du den Fall ja schnell aufklären.

Dann kannst du morgen oder übermorgen
in den Urlaub fahren."

Johnny seufzte. So hatte er sich
seinen ersten Urlaubstag nicht vorgestellt.
„Wo soll ich hinkommen?", wollte Johnny wissen.
„Du kennst ja sicher den Juwelier Gonnermann
in der Innenstadt. Bei ihm ist eingebrochen worden."
Johnny seufzte noch einmal.
„Ich bin in einer Stunde da", sagte er und legte auf.

„Fällt unser Urlaub jetzt aus?", fragte Silvia.
„Nein", antwortete Johnny. „Es ist nur ein Einbruch.
Vielleicht finde ich den Täter ganz schnell.
Dann können wir sicher bald
an den Bodensee fahren."
Silvia drückte Johnny einen Kuss auf den Mund.
„Schauen wir mal."

Sie packten die Thermoskanne in die Packtasche.
„Nicht einmal meinen Kaffee konnte ich jetzt
in Ruhe trinken", brummte Johnny.

Silvia setzte sich auf den Fahrersitz des Motorrads.
Johnny schwang sich auf
den hinteren Teil der Sitzbank.
Im Auto wollte er immer selbst hinter
dem Lenkrad sitzen.
Aber auf dem Motorrad war er gerne der Beifahrer.
Und wenn seine Freundin Silvia das Motorrad lenkte,
fühlte er sich sehr sicher.

2. Kapitel

Silvia fuhr nach Reutlingen in die Innenstadt.
Sie hielt vor dem Haus des Juweliers Gonnermann.
Johnny stieg vom Motorrad.
Er verabschiedete sich
von seiner Freundin mit einer Umarmung.

Als Kommissar der Kriminalpolizei
musste er keine Uniform tragen.

Normalerweise trug er am liebsten Jeans,
ein Hemd und sein blaues Jackett.
Das war eine richtig schicke Jacke.
Doch jetzt trug er
den schweren Motorradanzug aus Leder.

Er stand vor dem Gebäude des Juwelier-Geschäfts.
Neben der Eingangstür war ein großes
rotes Warnlicht an der Hauswand angebracht.
Es gehörte sicher zur Alarmanlage.
„Das Licht ist größer als das Blaulicht
auf meinem Polizeiwagen", dachte Johnny
und wurde ein klein bisschen neidisch.

Er wollte das Juwelier-Geschäft betreten.

Eine junge Polizistin in Uniform

stand an der Eingangstür.

Sie sagte: „Da können Sie nicht rein.

Es ist heute geschlossen."

„Ich bin kein Kunde", antwortete Johnny.

Er suchte in der Jackentasche

nach seinem Dienstausweis.

Er fand ihn und zeigte ihn der Polizistin.

Die Polizistin schaute auf den Ausweis.

Dann murmelte sie: „Entschuldigung."

Sie ließ Johnny eintreten.

Johnny hatte noch eine Kollegin.

Sie hieß Astrid.

Sie war bereits vor Johnny

im Juwelier-Geschäft angekommen.

Astrid hatte wie Johnny ein paar Kilos

zu viel auf den Hüften.

Aber Astrid war sportlich.

Sie konnte richtig schnell rennen.

Und sie war ein kluger Kopf.

Sie trug ihr langes, blondes Haar

zu einem Pferdeschwanz gebunden.

Astrid kam auf Johnny zu.

Johnny fragte sie: „Was ist passiert?"
Astrid berichtete: „Die Besitzerin des
Juwelier-Geschäfts, Frau Susanne Gonnermann,
hat heute früh festgestellt, dass aus ihrem Tresor
Bargeld gestohlen worden ist."
„Weiß sie, wie viel Euro?", fragte Johnny.
„Ja, das weiß sie ganz genau.
60.000 Euro sind gestohlen worden."

„Der Tresor ist also leergeräumt worden?",
überlegte Johnny.
„Nein", sagte Astrid. „In dem Tresor lagen auch
Schmuck und noch weitere 30.000 Euro.
Aber das alles hat der Dieb nicht mitgenommen."
Johnny runzelte die Stirn. „Der Einbrecher hat
also 60.000 Euro aus dem Tresor geklaut
und alles andere liegen lassen?"
„Ja. Auch die Glasscheiben an den Schaukästen
sind nicht kaputtgemacht worden.
Der Schmuck dahinter wurde auch nicht geklaut",
erklärte Astrid. Sie fuhr fort: „Hier im Laden gibt es ja
noch viel mehr Schmuck und Uhren.
Die liegen in Schubladen, die nicht abgeschlossen sind.
Aber davon fehlt nichts,
hat Susanne Gonnermann gesagt."

Johnny nickte. Er sah sich im Juwelier-Geschäft um.
Kollegen von der Spurensicherung
kümmerten sich gerade um den Tresor.
Sie suchten nach Spuren,
die den Täter vielleicht verraten würden.
Mit Pinseln hatten sie schwarzen Kohlestaub
auf der Tresortür und auf ihrem Griff verteilt.
Damit konnten sie Fingerabdrücke sichtbar machen.

„Ich möchte gern mit dem Leiter der Spurensicherung
sprechen", sagte Johnny.

Eine Minute später stand der Leiter
der Spurensicherung vor ihm.
Sein Name war Fred Hüttenberg.
Er war ein großer Mann.
Und die Kilos, die Johnny oder Astrid zu viel hatten,
die hatte Fred Hüttenberg zu wenig.
Er war sehr dürr.
Der Gürtel an Fred Hüttenbergs Hose
hatte viel zu tun, damit die Hose nicht rutschte.
„Was können Sie uns sagen?",
wollte Johnny wissen.
Fred Hüttenberg hatte eine hohe Stimme.
Er sagte: „Das alles ist sehr komisch.

Am Tresor haben wir Fingerabdrücke gefunden.

Aber das ist nichts Ungewöhnliches.

Schließlich wird der Tresor ja jeden Tag

geöffnet und geschlossen.

Und normalerweise trägt dabei niemand Handschuhe.

Jetzt müssen wir rausfinden,

von wem die Fingerabdrücke sind."

Johnny überlegte.

„Wie ist denn der Einbrecher

hier reingekommen?"

Hüttenberg zuckte mit den Schultern.

„Ich kann Ihnen nur sagen,

wie der Einbrecher nicht reingekommen ist.

Er hat kein Fenster eingeschlagen.

Er hat keine Tür aufgebrochen.

Es gibt keine Spuren von Gewalt.

Der Tresor ist auch nicht gesprengt worden.

Er wurde mit dem passenden Schlüssel geöffnet."

Wenn keine Gewalt nötig war,

um in das Juwelier-Geschäft hineinzukommen,

musste der Einbrecher wohl einen Schlüssel

gehabt haben.

Einen Schlüssel für die Eingangstür

und einen Schlüssel für den Tresor.

Zum ersten Mal, seit er das Geschäft
betreten hatte, lächelte Johnny.

Wenn hier jemand einfach
mit Schlüsseln hereinspaziert war,
dann war der Fall leicht zu lösen.

Dann konnte es ja nur jemand sein,
der im Juwelier-Geschäft arbeitete.

Doch Johnny würde das Lachen noch vergehen.

3. Kapitel

Die Polizistin Astrid hatte Johnny
auf einen Zettel geschrieben,
wer alles im Juwelier-Geschäft arbeitete.

Es waren 4 Personen:
Susanne Gonnermann war die Besitzerin
des Juwelier-Geschäfts.
Ihr Mann, Holger Gonnermann,
arbeitete ebenfalls mit im Geschäft.
Aber er war an diesem Morgen
noch gar nicht im Geschäft erschienen.
Die 3. Person war Max Breitner.
Er machte eine Ausbildung
und war schon 2 Jahre im Laden angestellt.
Die 4. Person war Paula List, die Verkäuferin.

Astrid hatte die Verkäuferin Paula und
den Auszubildenden Max nach Hause geschickt.
Der Laden würde an diesem Tag
nicht für Kunden öffnen.

Astrid hatte sich die Adressen
und Telefonnummern von Max und Paula
aufgeschrieben.

Sie hatte auch die Adresse von
Susanne Gonnermann und
ihrem Mann aufgeschrieben.
So konnte die Polizei später
Kontakt mit allen aufnehmen.

4. Kapitel

Kurze Zeit später saß Johnny
mit Susanne Gonnermann im Büro
des Juwelier-Geschäfts.

Der Raum war groß.
Die Sonne schien hell in den Raum.

Die Regale und auch der Schreibtisch
waren aus schönem, dunklem Holz.
Johnny mochte solche Möbel.
Das hier war nicht nur ein Büro.
Das hier war ein richtig gemütlicher Raum.
Es machte sicher Spaß, hier zu arbeiten.

Frau Gonnermann und Johnny saßen
an einem kleinen Tisch neben dem Schreibtisch.

Vor Johnny stand eine Tasse mit dampfendem
Kaffee. Frau Gonnermann hatte Johnny
eine Tasse gemacht. Auch für sich selbst
hatte sie eine Tasse Kaffee zubereitet.

Johnny hatte die Kaffeedose gesehen.

Auf dem Etikett stand Afrikanischer Waldkaffee.

Das war ein besonders guter Kaffee.

Und Johnny mochte guten Kaffee.

Frau Gonnermann offensichtlich auch.

Johnny holte seinen Notizblock aus der Tasche.

Er machte seine Notizen immer

mit seinem roten Füller.

Seine Kollegen benutzten meist

einen tragbaren Computer.

Aber er konnte seine Gedanken

beim Schreiben besser sortieren,

wenn er den Füller in der Hand hielt.

So arbeitete eben jeder anders.

„Frau Gonnermann", begann Johnny

das Gespräch, „haben Sie einen Verdacht,

wer das Geld gestohlen hat?"

Die Frau schüttelte den Kopf.

„Nein", sagte sie. „Ich habe keine Ahnung.

60.000 Euro. So viel Geld."

„Sie haben doch eine Alarmanlage im Laden, oder?",

wollte Johnny dann

von der Ladenbesitzerin wissen.

„Ja. Natürlich haben wir eine Alarmanlage",

antwortete sie.

Johnny dachte an das große Warnlicht,
das er neben der Eingangstür gesehen hatte.
Er fragte: „Und warum hat die Alarmanlage
nicht losgehupt, warum hat das rote Blinklicht
nicht aufgeleuchtet wie ein Feuerwerk?"
Susanne Gonnermann zuckte mit den Schultern.
„Die Alarmanlage war ausgeschaltet."

„Sie haben eine Alarmanlage,
und die Alarmanlage war ausgeschaltet?"
Johnny konnte es kaum glauben.
„Haben Sie vielleicht Videokameras
im Verkaufsraum?", fragte Johnny weiter.

Susanne Gonnermann nickte. „Ja. Wir haben
im ganzen Geschäft 10 Kameras aufgebaut.
Wir haben sie so versteckt,
dass man sie nicht gleich sehen kann.
So können wir jede Ecke genau beobachten."

Johnny lachte: „Wunderbar, dann haben wir
die Einbrecher ja sogar gefilmt.
Dann müssen wir uns jetzt nur die Filme
auf dem Computer anschauen.
Dann erkennen wir ganz bestimmt auch ihre Gesichter.
Und dann finden wir ganz schnell heraus,
wer das war."

Susanne Gonnermann schüttelte den Kopf.

„Nein. Leider nicht."

Johnny sah Frau Gonnermann erstaunt an.

„Warum nicht?"

Susanne Gonnermann begann,

mit der rechten Hand ihre linke Hand zu kratzen.

„Die Kameras waren ausgeschaltet."

Johnny kratzte sich am Kinn.

Das machte er oft, wenn er nachdachte.

„Frau Gonnermann, Sie haben einen Laden,

in dem wertvoller Schmuck

und ganz viel Bargeld liegen.

Und Sie haben gestern Abend die Alarmanlage

und die Kameras ausgeschaltet?"

Die Ladenbesitzerin schüttelte den Kopf.

„Blödsinn. Natürlich habe ich die Alarmanlage

eingeschaltet, als ich das Geschäft

geschlossen habe. Und die Kameras,

die sind immer eingeschaltet, Tag und Nacht."

„Also hat der Dieb die Anlage

und die Kameras ausgeschaltet?",

fragte Johnny.

Susanne Gonnermann nickte.

Johnny sagte mit leiser Stimme:
„Frau Gonnermann, Sie wissen, was das heißt.
Der Dieb kann nur jemand sein,
der die Anlage ausschalten konnte,
ohne Gewalt anzuwenden.
Ohne etwas kaputt zu machen.
Und jemand, der einen Schlüssel hatte."
Jetzt sah Susanne Gonnermann
Johnny direkt ins Gesicht. „Ja. Das weiß ich.",
sagte sie.

„Und wer kann die Alarmanlage und die Kameras
einschalten und ausschalten außer Ihnen?",
fragte Johnny.

Susanne Gonnermann sagte es Johnny:
„Alle 3 Personen, die hier mit mir arbeiten.
Mein Mann Holger, unser Auszubildender Max
und natürlich auch Paula, unsere Verkäuferin.
Wir 4 können alle die Alarmanlage
und die Kameras bedienen.
Wir haben auch alle einen Schlüssel
für die Eingangstür und für den Tresor.
Aber niemand von uns würde
unseren eigenen Laden ausrauben."

Johnny kratzte sich wieder am Kinn.

In den Jahren, seit er als Polizist arbeitete

hatte er schon die unglaublichsten Dinge erlebt.

Im Gegensatz zu Susanne Gonnermann

konnte er sich sehr gut vorstellen,

dass jemand aus dem Laden

das Geld gestohlen hatte.

„Frau Gonnermann, wo waren Sie in der

vergangenen Nacht?",

fragte er nun die Ladenbesitzerin.

Sie antwortete: „Gestern Abend war ich auf

einem Geschäftsessen. Unser Juwelier-Geschäft

braucht einen neuen Teppich.

Ich habe mich mit dem Teppichhändler Gödel

in einem Restaurant getroffen.

Wir waren dort bis 1 Uhr nachts.

Das können Sie nachprüfen."

Johnny seufzte.

Und trank seine Tasse Kaffee aus.

5. Kapitel

Inzwischen war es Nachmittag geworden.
Johnny saß an seinem Schreibtisch
im Polizei-Präsidium.

Fred Hüttenberg klopfte an der Tür
und trat ins Büro.
Er setzte sich zu Johnny an den Schreibtisch.
„Ich weiß jetzt ganz genau,
wann der Einbruch stattfand", sagte er.
„Oh, das ist ja interessant.
Woher wissen Sie denn das?", wollte Johnny wissen.

Fred Hüttenberg antwortete: „Die Alarmanlage
ist an einen Computer angeschlossen.
Da konnten wir genau sehen,
wann sie eingeschaltet und
wann sie ausgeschaltet wurde."
„Und wann wurde sie ein- und ausgeschaltet?",
fragte Johnny.

Fred Hüttenberg lächelte und erklärte:
„Frau Gonnermann hat die Wahrheit gesagt.
Sie hat die Alarmanlage
um 8 Uhr abends eingeschaltet.

Genau um Mitternacht ist die Anlage
ausgeschaltet worden. Und schon 10 Minuten
später ist sie wieder eingeschaltet worden.
Der Dieb war also ganz genau
kurz nach Mitternacht im Juwelier-Geschäft."

„Wunderbar. Gute Arbeit.", lobte Johnny.

6. Kapitel

Nachdem Fred Hüttenberg gegangen war,
kam Johnnys Kollegin Astrid ins Büro.

Sie hatte das Alibi von Susanne Gonnermann
inzwischen überprüft. Susanne Gonnermann
hatte die Wahrheit gesagt. Sie war wirklich
den ganzen Abend im Restaurant
mit dem Teppichhändler Gödel gewesen.
Sie konnte also nicht die Einbrecherin sein.

Damit blieben noch 3 Personen übrig,
die einen Schlüssel zum Geschäft hatten
und auch die Alarmanlage ausschalten konnten.
Der Auszubildende Max Breitner,
die Verkäuferin Paula List
und Susanne Gonnermanns Ehemann,
Holger Gonnermann.
Johnny hatte vor, diese 3 nacheinander
zu befragen.

Es klopfte an der Tür. Johnny sagte:
„Herein." Da war also schon der erste
von den Dreien angekommen.
Der Auszubildende Max Breitner betrat das Büro.
Er trug einen Anzug und eine Krawatte.

Als Auszubildender in einem Juwelier-Geschäft
konnte er auch schlecht mit fleckigen Jeans
und T-Shirt zur Arbeit kommen.

Max setzte sich Johnny gegenüber
an den Schreibtisch.

„Guten Tag, Herr Breitner oder darf ich Du zu
Ihnen sagen?", begrüßte ihn Johnny.
„Passt schon", antwortete der junge Mann.
„Ich komme gleich zur Sache", fuhr Johnny fort.
Wo warst du in der vergangenen Nacht, Max?"
Max rutschte verlegen auf dem Stuhl hin und her.
„Muss ich das sagen?", fragte er.

Johnny nickte und sagte: „Nun, Max,
ich muss herausfinden,
wer euren Laden ausgeraubt hat.
Und jeder, der mir nicht sagen kann,
wo er zum Zeitpunkt des Einbruchs war,
der macht sich verdächtig. Also?"
Max rutschte noch einmal von links nach rechts,
dann blieb er ruhig sitzen.
Er sah Johnny in die Augen und sagte:
„Ich bin mit meinen Freunden abends schwimmen gefahren.
Wir waren am Gönninger See."

Jetzt verstand Johnny auch,
warum Max nicht gleich geantwortet hatte.
Im Gönninger See konnte man schwimmen.
Aber man durfte es nicht. Es war verboten.

Max fuhr fort: „Wir haben dort Party gemacht
und gefeiert. Bis um 2 Uhr nachts.
Aber das müssen Sie
nicht meiner Mutter sagen, oder?"

Johnny musste schmunzeln.
Er selbst war auch schon im Gönninger See
schwimmen gegangen, als er noch jung
gewesen war.
Und auch er hatte dort als Jugendlicher
mit seinem besten Kumpel Bier getrunken.
Aber das musste er Max ja nicht unbedingt erzählen.

Johnny sagte zu Max: „Gib mir die Namen
und die Telefonnummern deiner Freunde.
Ich muss überprüfen, ob du die Wahrheit sagst."

Er verabschiedete sich von Max.
Max verließ das Büro.

7. Kapitel

Die Verkäuferin Paula List trat nun in Johnnys Büro.
Sie hatte im Flur auf einer Bank gewartet.
Johnny begrüßte auch Paula.

Paula setzte sich auf denselben Stuhl,
auf dem gerade Max gesessen hatte.

Paula hatte ein rotes, leichtes Sommerkleid an.
Und sie trug eine goldene Halskette
mit glitzernden Steinen.

Johnny fragte auch Paula: „Frau List, wo waren Sie
gestern Abend und gestern Nacht?"

Paula war überhaupt nicht nervös. Sie sagte:
„Ich war gestern den ganzen Abend zu Hause.
Zuerst habe ich ein bisschen ferngesehen,
dann bin ich ins Bett gegangen."

„Gibt es vielleicht irgendwelche Zeugen?",
fragte Johnny.
Paula grinste: „Ja. Mein Bett.
Und mein Fernseher."

Johnny verdrehte die Augen und fragte noch
genauer nach:
„Gibt es irgendwelche lebendigen Zeugen?"
Paula nickte: „Ja. Meine Katze."

Johnny schlug mit der flachen Hand
auf seinen Schreibtisch.
„Frau List, das hier ist kein Spaß.
Also, gibt es irgendjemanden,
der den Abend mit Ihnen verbracht hat?
Außer Bett, Fernseher und Katze?"

Paula List blickte zu Boden und schüttelte
langsam den Kopf. „Nein. Ich war allein."
Johnny zeigte mit dem Finger auf die Halskette:
„Sind die Steine an Ihrem Schmuck echt?"
„Ja", sagte Paula.

„Woher haben Sie so teuren Schmuck?",
wollte Johnny nun wissen.
„Ich habe ein paar Stücke von meiner Oma geerbt",
erwiderte Paula.
Dabei sah sie immer noch auf den Boden.

Irgendetwas schien sie zu verbergen.

8. Kapitel

Als Paula List gegangen war,
kam Johnnys Kollegin Astrid wieder ins Büro.
Auch sie setzte sich auf den Stuhl
gegenüber von Johnny.

Astrid sagte: „Ich habe das Alibi von Max überprüft.
Er war wirklich mit seinen Freunden
am Gönninger See."

„Wo ist Holger Gonnermann?", fragte Johnny.
Er wollte unbedingt noch
mit Susanne Gonnermanns Ehemann sprechen.

„Das ist komisch", sagte Astrid.
„Er ist verschwunden.
Er ist den ganzen Tag über nicht
im Juwelier-Geschäft aufgetaucht.
Und er hat sich auch nicht
bei seiner Frau gemeldet."
Johnny sah Astrid an. „Meinst du,
er hat das Geld geklaut und ist jetzt abgehauen?"
Astrid runzelte die Stirn. „Vielleicht."

„Also, was wissen wir jetzt?", fragte Johnny.
Dabei sprach er mehr zu sich selbst
als zu seiner Kollegin.
„Susanne Gonnermann hat ein Alibi,
Max, der Auszubildende auch.
Paula List hat kein Alibi,
und Holger Gonnermann ist verschwunden.
Astrid, sage allen Kollegen Bescheid,
sie sollen die Augen offenhalten.
Ich möchte, dass wir Holger Gonnermann
so schnell wie möglich finden."

„Ach ja", fügte Johnny noch an,
„kannst du bitte mal überprüfen, ob Paula List
wirklich Schmuckstücke von ihrer Oma geerbt hat?"
Astrid nickte. „Mache ich."

9. Kapitel

Johnny wohnte mit seiner Freundin Silvia
im Norden von Reutlingen.
Vom Polizei-Präsidium aus ging er jetzt zu
Fuß nach Hause. Meistens nahm er den Weg
über die Kaiserstraße und
dann über die Karlstraße.

Der Heimweg war etwa 2 Kilometer lang.
Normalerweise brauchte er dafür eine halbe Stunde.
Er pfiff ein Liedchen vor sich hin,
als er nach Hause lief.
Es war sein Lieblingslied.
Fallen leaves von Billy Talent.

Fallen leaves heißt übersetzt fallende Blätter.
Das Lied erinnerte ihn an den Herbst.
Jetzt war es Sommer.
Er hoffte, dass er den Fall lösen konnte,
bevor die ersten Blätter fielen.
Denn eigentlich wollte er mit seiner Freundin Silvia
in den Urlaub fahren.

Er lief die Karlstraße entlang.
Wie immer war hier viel Verkehr.

Auf der Straße kam er an der Firma Nördlinger
vorbei. Den Namen Nördlinger hatte er heute
schon gelesen, erinnerte sich Johnny.
Er musste kurz überlegen,
wo ihm dieser Name aufgefallen war.
Dann erinnerte er sich daran.
Der Name hatte auf einem Etikett gestanden.
Und zwar auf dem Alarmanlagenkasten
im Juwelier-Geschäft Gonnermann.
Dort hatte das Etikett geklebt.

Vielleicht hatte die Firma Nördlinger
die ganze Alarmanlage im Juwelier-Geschäft eingebaut.
War ja möglich. Er sollte einfach mal
mit dem Chef der Firma Nördlinger sprechen,
dachte Johnny.

Johnny ging durch die Hofeinfahrt.
Der Hof der Firma Nördlinger war richtig groß.

Ein großer, schwarzer Hund kam auf Johnny zu.
Er schnupperte an Johnnys Hosenbein.

Johnny hatte nie einen Hund gehabt.
Aber er kannte sich aus mit Hunderassen.
Dieser freundliche Geselle war ein Labrador.

Der Hund wedelte ganz doll mit dem Schwanz,
als ob er Johnny etwas kühle Luft zufächern
wollte. Johnny streichelte den Hund.

Ein orangefarbener Gabelstapler
kam auf Johnny zugefahren.
Er blieb 5 Meter vor Johnny stehen.

Ein Mann stieg vom Gabelstapler.
Er rief: „Luna! Hierher!"
Der Hund gehorchte
und ging zu seinem Herrchen.

Der Mann sagte: „Entschuldigung.
Sie muss immer jeden beschnuppern."
Der Mann hielt Johnny die Hand hin.
„Ich bin Klaus Maler. Was kann ich für Sie tun?"

Johnny stellte sich vor. „Johnny Wolf.
Ich bin von der Kriminalpolizei
hier in Reutlingen.
Darf ich vielleicht mit Ihrem Chef sprechen?"
„Oh. Ist etwas Schlimmes passiert?", fragte Klaus.
„Ja, ich muss einen Einbruch aufklären",
antwortete Johnny.

„Oha", sagte Klaus nur.

Er zündete sich eine Zigarette an,

dann sagte er:

„Der Chef ist im Moment nicht da.

Er muss aber gleich wieder hier sein.

Wollen Sie auch eine Zigarette?"

„Nein danke, ich rauche nicht", sagte Johnny.

„Bei wem ist denn eingebrochen worden?",

wollte Klaus Maler wissen.

Johnny überlegte kurz,

ob er mit Klaus Maler darüber sprechen sollte.

Warum nicht, dachte Johnny.

Klaus Maler gehört ja auch zur Firma Nördlinger.

„Im Juwelier-Geschäft Gonnermann ist

eingebrochen worden", erklärte Johnny.

„Und ich habe ein paar Fragen

zu der Alarmanlage, die dort

von Ihnen eingebaut worden ist."

„Na, da kann Ihnen mein Chef sicher

besser helfen", sagte Klaus Maler.

Kaum hatte er den Satz ausgesprochen,

kam bereits ein älterer Mercedes die Straße

entlanggefahren. Das Auto bog auf den Hof.

Es war ein Modell aus den 70er Jahren,
noch mit wundervollen Heckflossen
am Kofferraum. Johnny musste lächeln.
Er kannte dieses Auto
unter dem Namen Flossenbenz.
Wenn seine Harley irgendwann einmal kaputtging,
würde er sich vielleicht auch
so ein ganz, ganz altes Auto kaufen.
„Ah, da kommt er ja, der Chef", sagte Klaus.

Ein Mann mit Anzug und Krawatte
stieg aus dem Mercedes.

Johnny stellte sich vor. Der Mann ebenfalls:
„Thomas Nördlinger, ich bin der Chef dieser Firma.
Kommen Sie doch bitte mit in mein Büro."
Das Büro von Thomas Nördlinger
war einfach eingerichtet.
Ein Schreibtisch mit einem Computer darauf,
ein paar Aktenschränke und 2 Sessel für Gäste.
Mehr stand nicht in dem Raum.

Johnny fragte Herrn Nördlinger:
„Verkaufen Sie viele Alarmanlagen?"
Herr Nördlinger nickte. „Ja, eine ganze Menge.
Aber wir kümmern uns eigentlich um alle
elektronischen Dinge, die Firmen brauchen.

Wir verkaufen Computersysteme,
Telefonanlagen und natürlich
auch Alarmanlagen.
Aber das wird ja heute alles
über Computer gesteuert."

Johnny wollte wissen, ob Herr Nördlinger
sich noch an die Alarmanlage
im Juwelier-Geschäft Gonnermann erinnern konnte.

Thomas Nördlinger runzelte die Stirn.
Dann sagte er: „Ja. Die haben wir
vor 4 Jahren eingebaut.
Ich habe Frau Gonnermann damals beraten.
Sie wollte nur das Beste vom Besten.
10 Kameras im Verkaufsraum,
alle an einen Computer angeschlossen.
Diese Anlage war wirklich nicht billig.
Und sie ist richtig gut."
„Aber nur, wenn sie eingeschaltet ist", sagte Johnny.
„Ist es schwer, die Anlage auszuschalten?"

Thomas Nördlinger ging mit Johnny
in den Verkaufsraum.
Dort sah Johnny genau die gleiche Alarmanlage
wie im Juwelier-Geschäft Gonnermann.

An der Anlage war neben den ganzen Tasten
und Knöpfen noch ein kleines Türchen.
Thomas Nördlinger öffnete es.
Dahinter war ein Tastenfeld, das genauso aussah,
wie das Tastenfeld bei einem Geldautomaten.
Für alle 10 Zahlen jeweils eine Taste.
Darüber war ein kleiner Bildschirm.

Thomas Nördlinger erklärte:
„Wenn man die Anlage einschalten will,
muss man wie beim Geldautomaten
4 Zahlen in der richtigen Reihenfolge eingeben.
Auch wenn man die Alarmanlage ausschalten will,
muss man diese Zahlen eingeben.
Aber Achtung: Man hat nur 3 Versuche.
Gibt man auch beim 3. Mal die falschen Zahlen ein,
geht die Alarmanlage los."

Johnny kratzte sich am Kinn und überlegte:
„Das heißt also, dass nur jemand die Alarmanlage
ein- und ausschalten kann,
der die richtigen Zahlen kennt?"
„Genauso ist es", sagte Thomas Nördlinger.

Alle 4 Mitarbeiter im Juwelier-Geschäft
kannten diese Zahlen.

Und alle 4 hatten Schlüssel für das Geschäft
und den Tresor.

Johnny war sich jetzt ganz sicher:
Es musste einer von den Vieren gewesen sein.

Doch die Besitzerin Susanne Gonnermann
und der Auszubildende Max Breitner
hatten ein Alibi.

Diese waren ohne Zweifel echt.

Damit blieben nur noch 2 als Täter übrig:
Die Verkäuferin Paula List
oder Holger Gonnermann.

Johnny verabschiedete sich und ging nach Hause.

10. Kapitel

Der nächste Tag fing für Johnny gut an.
Seine Freundin Silvia hatte zum Frühstück
extra Rührei mit Speck gebraten.
Johnny liebte Rührei mit Speck.
Und Silvias Kaffee war einfach der beste.

Nach dem Frühstück ging Johnny ins Büro.
Auf seinem Weg zum Polizei-Präsidium
machte er noch einen kleinen Umweg
durch die Altstadt.
Der Spaziergang tat ihm gut.
Und ab und zu musste er einfach mal
dem Gartentor „Guten Tag" sagen.
Das war eine kleine Eigenart von ihm.

Er trank auch noch eine rote Limonade
in seinem Lieblingscafé.
Die Speisekammer war genau der richtige
Name für das kleine, gemütliche Café.
Es lag ganz nah beim Gartentor.

Als er ins Polizei-Präsidium kam,
saß im Flur vor seinem Büro auf der Bank
bereits der Chef der Spurensicherung,
der dünne Kommissar Hüttenberg.

„Schön, dass Sie auch einmal
vorbeischauen.", grummelte er.
„Ich sitze hier schon eine ganze Weile."
Johnny ließ sich von Hüttenbergs schlechter Laune
nicht anstecken. Sie gingen in Johnnys Büro.

Hüttenberg zog im Laufen seine Hose hoch.
Vielleicht sollte Kollege Hüttenberg
einfach mal ein neues Loch
in seinen Gürtel knipsen, dachte Johnny.

Hüttenberg setzte sich auf den Stuhl
gegenüber von Johnny.
„Wenn Sie so lange auf mich gewartet haben,
dann haben Sie mir bestimmt
etwas Interessantes zu sagen", sagte Johnny.

„Wir wissen jetzt, von wem die Fingerabdrücke
auf dem Tresor sind", sagte Hüttenberg.
„Und?", wollte Johnny wissen.

„Die Abdrücke am Tresor sind
von Susanne Gonnermann,
ihrem Mann Holger Gonnermann
und der Verkäuferin Paula List.

Wahrscheinlich ist also
einer von den Dreien der Täter."

Johnny nickte. „Danke", sagte er.

„Gern geschehen", brummte Hüttenberg.
Er stand auf, zog wieder seine Hose hoch
und verließ das Büro.

11. Kapitel

Kaum war Hüttenberg verschwunden,
kam Johnnys Kollegin Astrid herein.

„Hast auch du wunderbare Neuigkeiten für mich?",
wollte Johnny wissen.

Astrid setzte sich Johnny gegenüber
an den Schreibtisch. Dann sagte sie:
„Ja. Du hast mich gefragt, ob Paula List
wirklich Schmuck von ihrer Oma geerbt hat.
Ich habe mit ihrem Opa telefoniert.
Paula List hat die Wahrheit gesagt.
Der Schmuck stammt wirklich von der Oma.
Sie ist vor 3 Jahren gestorben."

Okay, dachte Johnny.
Da hat Paula List dann wohl die Wahrheit gesagt.
Trotzdem hatte Johnny immer noch den Eindruck,
dass Paula List ihm etwas verheimlicht hatte.

„Ich habe mir mal die Geldverhältnisse
des Juwelier-Geschäfts angeguckt",
sagte Astrid zu Johnny.
„Und, was hast du herausgefunden?",
wollte Johnny wissen.

„Das Wichtigste:

Das Juwelier-Geschäft gehört nicht

dem Ehepaar Gonnermann.

Es gehört Susanne Gonnermann ganz allein.

Sie hat es von ihrem Vater geerbt."

„Was bedeutet das?", fragte Johnny.

Astrid erklärte es: „Ganz einfach:

Auf der Bank gibt es 3 Konten.

Ein Konto ist das Konto für das Juwelier-Geschäft.

Auf diesem Konto ist viel Geld.

Auch Susanne Gonnermann hat

auf ihrem eigenen Konto viel Geld.

Aber das 3. Konto, das von Holger Gonnermann,

das ist ganz schön leer.

Er hat immer wieder Schulden gemacht.

Auch im Moment.

Er schuldet der Bank 15.000 Euro."

„Weiß Frau Gonnermann,

dass ihr Mann Schulden hat?",

wollte Johnny wissen.

Astrid antwortete: „Nein, sie hat keine Ahnung.

Ich habe vor einer halben Stunde mit ihr gesprochen."

„Ist Holger Gonnermann denn inzwischen aufgetaucht?",

fragte Johnny nach.

„Nein. Wir haben ihn noch nicht gefunden."

12. Kapitel

Auch am Nachmittag war Holger Gonnermann
noch nicht wieder aufgetaucht.

Johnny überlegte, was er jetzt tun sollte.
Holger Gonnermann hatte Schulden.
Er war nicht zu finden.
Er kannte die Alarmanlage.
Er hatte auch einen Schlüssel zum Geschäft
und zum Tresor.
Wahrscheinlich hatte also er das Geld
aus dem Tresor gestohlen.
Aber wie sollten sie ihn finden?

Ein Kollege von Johnny klopfte an die Tür.
Er hieß Andreas. Seine Kollegen
nannten Andreas immer nur Klitschko.
Denn er sah dem Boxer
mit demselben Namen sehr ähnlich.
Und er hatte auch eine etwas schiefe Nase.

Klitschko sagte: „Johnny, ich glaube,
ich hab da was für dich."

Klitschko hatte einen tragbaren Computer dabei.

Er stellte ihn auf den Schreibtisch vor Johnny.

„Schau mal, das habe ich gefunden."

Ein Film war auf dem Bildschirm

des Computers zu sehen.

4 Männer saßen um einen Tisch

und spielten Karten.

Auf dem Tisch lagen nicht nur die Spielkarten,

sondern auch ganz viele Geldscheine.

Klitschko erklärte Johnny: „Der Film wurde im

Hinterzimmer von einem Restaurant aufgenommen.

Das ist schon ein paar Tage her.

Dort treffen sich immer wieder Männer,

um Karten zu spielen.

Sie spielen um ganz viel Geld.

Das ist natürlich verboten."

Klitschko erklärte weiter:

„Der Film war von einer versteckten

Überwachungskamera aufgenommen worden.

Die Polizei hatte diese Kamera eingebaut.

Die 4 Männer am Tisch hatten keine Ahnung,

dass sie gefilmt wurden."

„Warum zeigst du mir den Film?", fragte Johnny.

Klitschko grinste breit.

„Warte noch einen Moment, gleich kommt's."

Wenige Sekunden später sagte Klitschko:

„Jetzt kommen die Kollegen."

Er zeigte auf den Bildschirm.

Dort sah man, wie Polizisten in den Raum kamen.

Die Männer am Spieltisch sprangen auf.

Die Polizisten führten die 4 Männer ab.

Dabei konnte man nun von allen die Gesichter

ganz klar erkennen.

Johnny riss die Augen auf.

„Einer von denen ist doch Holger Gonnermann!",

rief er. „Hat Holger Gonnermann schon oft

bei verbotenen Kartenspielen mitgemacht?"

Klitschko nickte: „Er ist schon 3 Mal verhaftet worden,

als er bei verbotenen Kartenspielen mitgemacht hat.

Einmal hat er 2.000 Euro gewonnen.

Aber er hat auch schon mehr als 10.000 Euro verloren.

Klitschko berichtete weiter:

„Die 3 Männer, mit denen Holger Gonnermann

Karten gespielt hat, sind aber richtige Verbrecher.

Wenn Holger Gonnermann denen Geld schuldet,
dann hat er ein großes Problem.
Diese Verbrecher sagen nicht freundlich
‚bitte-bitte‘, wenn sie ihr Geld haben wollen.
Die schlagen einfach zu.“

Johnny überlegte jetzt laut:
„Vielleicht hat Holger Gonnermann wirklich
viel Geld beim Kartenspiel verloren.
Vielleicht hat er deshalb
sein eigenes Juwelier-Geschäft ausgeraubt.
Dann kann er die Schulden bezahlen.“
Klitschko nickte. „Das habe ich auch gedacht.“

Johnny stand auf und ging im Raum auf und ab.
Dann sagte er: „Aber etwas passt nicht dazu.
Aus dem Tresor wurden nur 60.000 Euro gestohlen.
30.000 Euro hat der Dieb im Tresor liegen lassen.
Wenn ich Holger Gonnermann wäre
und hohe Schulden hätte,
dann würde ich alles klauen,
was mir zwischen die Finger kommt.
Ich würde kein Geld im Tresor liegen lassen.
Ich würde auch alle teuren Uhren
und den Schmuck mitnehmen.
Erst wenn die Tasche ganz voll ist,
würde ich verschwinden.“

Klitschko sagte: „Das musst du schon selbst herausfinden.

Ich hoffe trotzdem, dass ich dir mit dem Film helfen konnte."

„Aber klar doch.

Herzlichen Dank", sagte Johnny.

Und versank wieder in seinen Gedanken.

13. Kapitel

Johnnys Handy klingelte.

Seine Kollegin Astrid war am Telefon:
„Johnny, komm schnell ins Krankenhaus.
Wir haben Holger Gonnermann gefunden.
Er liegt hier auf Station 24."

„Mein Gott. Was ist denn passiert?
Hatte er einen Unfall?", wollte Johnny wissen.
„Nein, er ist zusammengeschlagen worden",
erwiderte Astrid.

10 Minuten später war Johnny im Krankenhaus.
Der Arzt sagte zu Johnny:
„Holger Gonnermann hat Glück gehabt.
Er hat zwar ein paar gebrochene Knochen,
und er hat viele blaue Flecken.
Aber er wird wieder ganz gesund."

„Kann ich mit ihm sprechen?", fragte Johnny.
„Er wird gerade von unseren Ärzten versorgt.
In einer halben Stunde können Sie
mit ihm sprechen", antwortete der Arzt.

14. Kapitel

Wenig später saß Johnny am Bett
von Holger Gonnermann.

Holger Gonnermann hatte zwei blaue Augen.
Das rechte Auge war richtig angeschwollen.
Er hatte einen dicken Verband um den Kopf.

„Herr Gonnermann, wie ist das passiert?
Wer hat Sie so geschlagen?", fragte Johnny.
Gonnermann sah Johnny an, aber er sagte nichts.

„Wenn Sie nicht mit mir reden wollen,
erzähle ich Ihnen, was ich schon weiß",
sagte Johnny.
„Sie haben mit den bösen Buben Karten gespielt.
Und Sie haben dabei sehr viel Geld verloren.
Habe ich recht?"
Holger Gonnermann sagte nichts, aber er nickte.
Es war eine sehr kleine Bewegung.
Er hatte Schmerzen.

„Weil Sie so viel Geld beim Kartenspielen
verloren haben,
haben Sie auch die Schulden bei der Bank."
Holger Gonnermann nickte wieder.

„Und Sie haben auch noch Schulden
bei den anderen Kartenspielern."
Holger Gonnermann nickte nochmals.

„Sie wollten die Schulden bezahlen.
Deshalb haben Sie Ihren eigenen Juwelier-Laden ausgeraubt.
Sie haben die Alarmanlage ausgeschaltet,
den Tresor geöffnet und das Geld rausgenommen."

Holger Gonnermann nickte nicht mehr.
Er schüttelte den Kopf. Das tat noch mehr weh
als das Nicken.
„Dann sagen Sie mir, was wirklich passiert ist."

Holger Gonnermann sprach. Aber er sprach
so leise, dass Johnny ihn nicht verstand.

Johnny beugte sich zu Holger Gonnermann
und hielt sein Ohr näher an dessen Mund.
Kaum hörbar sagte Holger Gonnermann:
„Wenn ich bei den Verbrechern die Schulden
bezahlt hätte, dann hätte ich jetzt
kein blaues Auge und keine Schmerzen."

„Herr Gonnermann, wo waren Sie
in der vorletzten Nacht,
als Ihr Laden ausgeraubt wurde?",
wollte Johnny nun genau wissen.
„Ich habe in einem Hotel übernachtet",
flüsterte Holger Gonnermann.

„Warum haben Sie in einem Hotel übernachtet?",
wollte Johnny wissen.
Holger Gonnermann schloss die Augen.
Dann sagte er: „Es ist mir peinlich."

Johnny seufzte.
Er musste diesem Holger Gonnermann wirklich
jede Antwort einzeln aus der Nase ziehen.
„Was ist Ihnen peinlich?", fragte er nach.
„Das muss ich Ihnen nicht sagen",
antwortete Holger Gonnermann.

„Es würde Ihre Situation verbessern,
wenn Sie mir jetzt alles sagen würden",
forderte Johnny den Verletzten auf.
„Denn Sie sind im Moment
unser Verdächtiger Nummer 1."
Aber Gonnermann schwieg.

„Herr Gonnermann, warum haben Sie
in einem Hotel übernachtet?", fragte Johnny
nun mit deutlich lauterer Stimme.

Holger Gonnermann flüsterte:
„Ich habe dort mit Geschäftskunden zu Abend gegessen.
Und ich war etwas betrunken.
Deshalb bin ich nicht mehr nach Hause gegangen,
sondern habe mir ein Zimmer genommen."

Johnny fragte Holger Gonnermann,
in welchem Hotel er denn gewesen war.
Holger Gonnermann sagte:
„Das Hotel ‚Drei Sterne' in der Innenstadt."

Johnny verabschiedete sich
von Herrn Gonnermann und verließ das Krankenhaus.

15. Kapitel

Kurz danach betrat Johnny das Hotel.

Er ging an den Empfang.

Johnny zeigte der jungen Dame am Empfang

seinen Polizeiausweis.

Er wollte mit dem Chef des Hotels sprechen.

Die junge Dame am Empfang rief ihren Chef an.

5 Minuten später war dieser bei Johnny.

Der Chef stellte sich vor, aber Johnny

hatte den Namen nicht richtig verstanden.

Der Chef des Hotels erinnerte Johnny

irgendwie an seinen Kollegen Hüttenberg.

Er war genauso dünn.

Nur dass der Chef des Hotels etwas besser angezogen war.

Johnny fragte sich, ob er unter der feinen Anzugjacke

vielleicht Hosenträger anhatte.

Johnny wollte wissen, ob Holger Gonnermann

zwei Nächte vorher wirklich im Hotel übernachtet hatte.

Der Chef des Hotels ging mit Johnny in sein Büro.

„Da muss ich nur in meinen Computer schauen,

dann kriege ich das schnell raus", sagte der Chef.

Das Büro des Hotelchefs war
sehr großzügig eingerichtet.
Der Schreibtisch war aus edlem Holz.
Für Johnnys Geschmack waren sowohl das Büro
als auch der Schreibtisch viel zu groß.

Der Chef des Hotels tippte auf der Tastatur
und bewegte die Maus hin und her.
Dann sagte er: „Ja, ein Herr Holger Gonnermann
hat bei uns übernachtet. In einem Doppelzimmer."

„Im Doppelzimmer?" Johnny fragte sich,
weshalb Holger Gonnermann
nach einem Geschäftsessen
ein Doppelzimmer genommen hatte.
Hatte er sich danach vielleicht noch mit einer Frau getroffen?

Der Hotelchef sagte: „Herr Gonnermann
hat das Zimmer schon vor 2 Wochen reserviert."
Das war jetzt noch seltsamer.
Dann hatte Holger Gonnermann gelogen.
Er hatte das Zimmer nicht erst
nach dem Geschäftsessen bestellt.

Johnny fragte weiter: „Hatte Holger Gonnermann
an diesem Abend ein Geschäftsessen?"
„Das weiß ich nicht", sagte der Hotelchef.

„Haben Sie Überwachungskameras,
auf denen er vielleicht zu sehen ist?",
hakte Johnny nach.
„Ja, natürlich haben wir Überwachungskameras",
antwortete der Hotelchef,
„aber nur für den Eingangsbereich des Hotels."

„Kann ich diese Filmaufnahmen sehen?",
fragte Johnny. Der Hotelchef tippte wieder
etwas auf der Tastatur, schwang nochmals
die Computermaus hin und her.
Dann erschien der Film aus der
Überwachungskamera auf dem Bildschirm.
„Herr Gonnermann ist um 19.30 Uhr
zu uns ins Hotel gekommen", sagte der Hotelchef.
Er spulte den Film bis zu diesem Moment vor.
Johnny sah, wie Holger Gonnermann
an den Empfang ging und 2 Minuten später
einen Zimmerschlüssel bekam.
Danach ging Holger Gonnermann zum Aufzug.

„War's das?", fragte der Hotelchef.
Johnny sagte: „Noch nicht ganz.
Bitte lassen Sie den Film
noch ein paar Minuten weiter laufen."

5 Minuten später sah Johnny auf dem Film
noch eine Person, die er bereits kannte.
Paula List.
Sie ging gar nicht zum Empfang.
Sie ging direkt zum Aufzug.

Johnny ließ den Film im Schnelldurchlauf
weiter nach vorn spulen.
Eine Stunde später, also um 20.30 Uhr,
öffneten sich die Aufzugtüren in dem Film nochmals.
Holger Gonnermann und Paula List
traten Arm in Arm heraus.

Der Hotelchef sagte Johnny noch,
dass Holger Gonnermann erst abends um 0.30 Uhr
im Hotel Restaurant mit Kreditkarte bezahlt hatte.
Um 0.32 Uhr zeigte der Überwachungsfilm
auf dem Monitor des Computers vom Hotelchef,
wie Holger Gonnermann und Paula List
wieder in den Aufzug stiegen.

Holger Gonnermann hatte seine Frau
mit der Verkäuferin des Juwelier-Geschäfts betrogen.
Das war nun wirklich nicht anständig.
Aber Holger Gonnermann konnte nicht der Täter sein,
wenn er bis 0.30 Uhr mit Paula List
im Hotel Restaurant gewesen war.
Jetzt hatte Paula List ein Alibi.

Johnny wusste nun auch, wieso er
den Eindruck gehabt hatte, dass Paula List
ihm etwas verheimlichte.
Auch sie hatte Johnny nichts davon erzählen wollen,
dass sie mit Holger Gonnermann ein Verhältnis hatte.

Damit hatte nicht nur Holger Gonnermann ein Alibi.
Auch die Verkäuferin Paula konnte nicht die Täterin sein.
Und Susanne Gonnermann
und der Auszubildende Max konnten ebenfalls
nicht die Täter sein.
Das hatten sie ja schon gestern herausbekommen.
Keiner von den Vieren war es.
„So ein Mist", dachte Johnny.

16. Kapitel

Vom Hotel aus ging Johnny nicht ins Büro.
Er musste nachdenken.
Und er konnte am besten nachdenken,
wenn ihm frischer Wind um die Nase blies.

Er lief nach Hause und holte das Motorrad
aus der Garage. Dann fuhr er los.

Johnny mochte seine Heimat.
Er liebte die Berge der Schwäbischen Alb.
Und er liebte die Kurven
auf den kleinen Landstraßen.

Während er mit der Harley gemütlich
durch die Gegend fuhr, dachte er nach.

Keine der 4 Personen aus dem Geschäft
konnte der Täter sein.
Alle 4 hatten ein Alibi.

Jemand anderes musste der Täter sein.
Irgendjemand, der nichts mit dem
Juwelier-Geschäft zu tun hatte.
Aber gleichzeitig jemand,
der einen Schlüssel zur Eingangstür
und zum Tresor hatte.

Und es musste jemand sein,
der die 4 Zahlen kannte,
die man auf dem Tastenfeld eintippen musste,
damit man die Alarmanlage ausschalten
und danach wieder einschalten konnte.

Und da war noch eine Frage,
über die Johnny immer wieder nachdenken musste.
Warum hatte der Dieb nur 60.000 Euro geklaut?

Er überlegte, was er als nächstes tun würde.
Es war ihm ganz klar.
Er musste noch einmal zur Firma Nördlinger fahren.
Er musste mehr über diese Alarmanlage wissen.

Nur so konnte er verstehen, wie jemand
Fremdes diese Anlage ausschalten konnte.

Er fuhr wieder zurück nach Reutlingen.

17. Kapitel

Johnny lenkte die Harley direkt
auf das Firmengelände der Firma Nördlinger.

Als er das Motorrad abstellte,
kam Klaus Maler wieder auf ihn zu.
Und er wurde wieder von Luna begleitet,
dem Hund von Klaus.
Klaus bewunderte Johnnys Motorrad:
„Oh, sind das die neuen Dienstfahrzeuge der Polizei?",
lachte er.
„Ja. Aber nur im Sommer." Johnny grinste zurück.
„Kann ich nochmal Ihren Chef sprechen?"
„Aber klar", sagte Klaus und führte Johnny
in das Büro von Herrn Nördlinger.

Herr Nördlinger saß an seinem Schreibtisch
und begrüßte Johnny:
„Wie kann ich der Polizei noch helfen?", fragte er.

„Ich habe da wieder eine Frage zu der Alarmanlage.
Wer kann denn noch die Zahlen kennen,
mit denen man die Alarmanlage
im Juwelier-Geschäft Gonnermann
aus- und einschalten konnte?"

„Das ist ganz einfach", sagte Herr Nördlinger.
„Das können nur die Menschen,
denen Frau Gonnermann diese Zahlen verraten hat.
Soviel ich weiß, kennen diese Zahlen
nur die Angestellten. Und natürlich ihr Mann."

Johnny nickte. Das war eine Erklärung.
Vielleicht hatte Holger Gonnermann einem Kumpel
die Zahlen für die Alarmanlage verraten.
Dann hätte der Kumpel einbrechen können.
Und Holger Gonnermann und der Kumpel
hätten danach die Beute teilen können.

Dann hatte Johnny noch eine Idee:
„Wer von Ihnen hat denn die Alarmanlage eingebaut?
Kennt dieser Mensch die Zahlenkombination?"

Herrn Nördlinger schüttelte den Kopf.
„Unser Klaus hat die Anlage eingebaut.
Aber er kennt die Kombination nicht.
Jede Alarmanlage wird, wenn sie ganz neu ist,
mit den Zahlen 1-2-3-4 ein- und ausgeschaltet.
Aber wenn die Alarmanlage eingebaut ist,
muss der Besitzer die Zahlen verändern.
Und diese Zahlen kennt dann nur der Besitzer,
also Frau Gonnermann."

Johnny nickte. Und kratzte sich mal wieder
am Kinn. „Und nachdem Sie die Alarmanlage
im Juwelier-Geschäft Gonnermann eingebaut
haben, war niemand von Ihrer Firma mehr
in dem Geschäft?", wollte Johnny wissen.

„Doch. Unser Klaus fährt 2 Mal im Jahr dorthin.
Er schaut nach, ob die Alarmanlage
noch ohne Probleme funktioniert.
Das ist unser besonderes Angebot.
Wir bauen die Alarmanlagen nicht nur ein.
Wir kümmern uns auch darum,
dass immer alles funktioniert."

Johnny dachte kurz nach.
Als er Klaus das erste Mal auf dem Hof gesehen hatte,
hatte der ihm gar nicht erzählt,
dass er sich auch mit Alarmanlagen auskannte.

Johnny dachte weiter nach.
Wenn Klaus nachschaute, ob die Alarmanlage funktioniert,
musste er Frau Gonnermann nur über die Schulter gucken,
um die 4 Zahlen zu sehen, mit der sie
die Alarmanlage ein- und ausschaltete.
Er musste unbedingt mit Klaus sprechen.
Am besten sofort.

Johnny drehte sich um, da hörte er ein Scheppern im Flur vor dem Büro.

Jemand hatte dort gelauscht.

Und beim Wegrennen etwas umgeschmissen.

Johnny sah aus dem Fenster.

Klaus rannte über den Hof in Richtung Straße.

Luna rannte ihm hinterher.

Eines war jetzt klar:

Klaus wollte nicht mit Johnny reden.

18. Kapitel

Johnny drehte sich um
und rannte aus dem Büro.
Im Rennen rief er noch:
„Tschüss, Herr Nördlinger."

Als er die Karlstraße erreichte,
sah er die Schwanzspitze von Luna
hinter der Hausecke verschwinden.

Johnny rannte hinterher.

Schon nach wenigen Metern
begann Johnny zu schnaufen.
Er ärgerte sich, dass er
zu viele Kilos auf den Rippen hatte.

Seine Kollegin Astrid war sportlicher.
Sie wäre schneller gewesen.
Und sie hätte auch nicht so geschnauft.

Sogar der dünne Kollege Hüttenberg
wäre bei dieser Verfolgungsjagd
sicher schneller gerannt.
Aber der hätte auch ständig
seine Hose festhalten müssen.

Klaus und sein Hund Luna bogen in
die Kaiserstraße ab. In dieser Richtung
lag das Polizei-Präsidium.
Aber Johnny war sich sicher,
dass Klaus dort nicht hinrennen wollte.

Plötzlich bog Klaus nach rechts ab.
Luna hetzte hinterher. Jetzt wusste Johnny,
in welche Richtung Klaus rannte.
Er war in Richtung Altstadt unterwegs.

Johnny rannte, so schnell es ging.
Dann sah er gerade noch,
wie Klaus in die Spreuerhofstraße abbog.
Das Sträßchen trug auch den Namen:
Engste Straße der Welt.
Sie hatte ihren Namen,
weil sie so schmal war,
dass nicht jeder problemlos durch passte.

Für Klaus und seinen Hund Luna
war es kein Problem,
durch die Engste Straße zu rennen.

Für Johnny sah das anders aus.
Als er durch die Gasse ging,
stieß er mit den Ellenbogen
an den Hauswänden rechts und links an.

Er drehte sich zur Seite.

So kam er besser durch die Gasse.

Aber nicht schneller.

Er konnte es sich aussuchen.

Entweder stieß er mit dem Bauch

an die eine Hauswand

oder mit den Schultern an die andere Hauswand.

Als er endlich durch die Engste Straße durch war,

war Klaus verschwunden.

Sein Hund Luna auch.

Johnny fluchte.

Dann rief er mit seinem Handy

im Polizei-Präsidium an.

Alle Kollegen sollten jetzt nach Klaus

in der Altstadt suchen.

Johnny ging nun in Richtung Weibermarkt.

Er wollte gerade an der Marienkirche vorbeigehen,

als ihm etwas auffiel.

Vor dem Seiteneingang saß Klaus' Hund Luna.

Als die Hündin Johnny sah, stand sie auf

und wedelte mit dem Schwanz.

Jetzt wusste Johnny, wo Klaus war.

Johnny streichelte Luna kurz über den Kopf.

Dann ging er durch den Seiteneingang in die Kirche.

19. Kapitel

Johnny sah Klaus sofort.

Klaus hatte sich nicht versteckt.

Er kniete vor dem Altar.

Kurz überlegte Johnny, ob er zur Pistole

greifen sollte. Aber er wusste,

er würde die Pistole nicht brauchen.

Er setzte sich in die erste Reihe der Kirchenbänke.

Klaus sah ihn nicht an.

Trotzdem sagte Klaus:

„Ich wusste, dass Sie mich hier finden werden."

Klaus stand auf.

Er drehte sich nun zu Johnny um.

Dann setzte er sich neben Johnny

auf die Kirchenbank.

„Warum sind Sie hierher in die Kirche

gekommen?", wollte Johnny wissen.

Klaus ließ den Kopf hängen.

„Ganz ehrlich? Ich weiß es gar nicht genau.

Aber es hatte keinen Sinn mehr, wegzurennen.

Ich habe das Geld geklaut.

Und Sie wissen, dass ich das Geld geklaut habe."

Johnny hatte sich schon gedacht,

woher Klaus die Zahlen für die Alarmanlage kannte.

Als er das letzte Mal vorbeigekommen war,

um zu schauen, ob die Alarmanlage gut funktionierte,

hatte er Frau Gonnermann

einfach über die Schulter geguckt.

Aber eine Frage blieb offen:

„Woher hatten Sie die Schlüssel

für den Juwelier-Laden?", fragte Johnny.

„Ich habe im Juwelier-Geschäft immer

alles sehr gründlich kontrolliert.

Nicht nur die Alarmanlage, sondern auch die Kameras

und sogar alle Schlösser.

Dafür hat mir Frau Gonnermann den ganzen

Schlüsselbund gegeben.

Ich habe von jedem Schlüssel einen Abdruck gemacht.

So konnte ich Schlüssel nachmachen,

die genauso gut waren, wie die Schlüssel

von Frau Gonnermann."

Johnny sah Klaus an.

Er war nur noch ein Häufchen Elend.

Johnny hätte nicht gedacht,

dass so ein feiner Mann zum Dieb werden konnte.

Er fragte Klaus: „Warum haben Sie das getan?
Sie haben eine Wohnung, einen festen Job,
Sie haben Luna. Warum haben Sie das Geld
aus Frau Gonnermanns Tresor gestohlen?"

„Ich habe es nicht für mich gestohlen.
Ich habe es für meine Eltern gestohlen",
flüsterte Klaus.
„Für Ihre Eltern?", fragte Johnny erstaunt.

„Ja. Sie haben ein kleines Haus.
Aber nur eine kleine Rente.
Jetzt ist in ihrem Haus die Heizung kaputtgegangen
und gleichzeitig noch das Dach.
Und die Reparatur kostet 60.000 Euro.
Ich habe keine 60.000 Euro.
Meine Eltern haben keine 60.000 Euro.
Und die Bank leiht uns keine 60.000 Euro.
Aber dem Winter ist es ganz egal,
ob bei meinen Eltern die Heizung funktioniert.
Er kommt auf jeden Fall."

Jetzt verstand Johnny auch, weshalb
im Juwelier-Geschäft nur diese 60.000 Euro
gefehlt hatten. Klaus hatte nur das Geld gestohlen,
das er für seine Eltern brauchte.

„Ich weiß, es war eine bescheuerte Idee.

Aber ich wusste mir nicht mehr anders zu helfen",

sagte Klaus. Er weinte jetzt leise.

Johnny stand auf.

„Herr Maler, wir müssen jetzt ins Polizei-Präsidium."

Klaus nickte, dann stand er auf.

Irgendwie hatte Johnny Mitleid mit Klaus.

Auch wenn Klaus richtigen Bockmist gebaut hatte.

20. Kapitel

Am nächsten Tag fuhren Johnny
und seine Freundin Silvia wieder auf dem Motorrad.

Silvia lenkte und Johnny saß hinter ihr.

In ihre Helme waren Mikrofone und Lautsprecher eingebaut.
So konnten sie auch während der Fahrt miteinander reden.

„Das hast du richtig gut gemacht.", sagte Silvia.
„Du hast den Fall in nur zwei Tagen gelöst."
„Ich hab mich extra beeilt, damit wir endlich
in den Urlaub fahren können", sagte Johnny.
Silvia konnte natürlich nicht sehen,
dass er breit grinste.

„Na, dann hoffe ich,
dass jetzt nicht wieder dein Chef anruft.
Falls wieder irgendwo ein Einbruch ist.
Oder sogar ein Mord", sagte Silvia.

Johnny antwortete: „Es ist kein Problem,
wenn mein Chef anruft."
Silvia fragte: „Musst du dann nicht drangehen?"
Johnny grinste unter seinem Helm
noch ein Stückchen mehr:

„Ich kann nicht drangehen.

Denn ich habe das Handy

auf unserem Küchentisch liegen lassen."

Nun grinste auch Silvia: „Na, dann werden wir

ja einen ruhigen Urlaub am Bodensee haben."

Danke

Die Krimi-Gruppe bedankt sich
bei all den vielen Menschen,
die es möglich gemacht haben
diesen Krimi zu schreiben.

Unser besonderer Dank gilt den Gruppenleitungen
und den Kollegen und Kolleginnen
aus den Werkstätten der BruderhausDiakonie
Reutlingen.

Ebenso danken wir den vielen Helfern und Helferinnen,
die unseren Krimi begleitet haben.
Sie haben uns auf unterschiedlichste Weise
unterstützt.

Allen gemeinsam war, dass Sie uns das Vertrauen
gaben, dass wir es schaffen.

Dafür bedanken wir uns herzlich.

Brigitte Edelmann, Günter Eisele, Anita Gauß,
Michael Kibler, Brigitte Kraus, Patricia Püsche,
Christian Rodemeister, Michael Schröter,
Claudia Steinbrenner

Reutlingen im Februar 2016

Wie ist dieser Krimi entstanden

Wir, die Krimi-Gruppe
der BruderhausDiakonie Werkstätten Reutlingen,
sind 6 Personen mit Lernschwierigkeiten.

Es macht uns Spaß spannende Krimis zu lesen.
Aber es gibt zu wenig Krimis in einfacher Sprache,
die leicht zu verstehen sind.
Deshalb hatten wir die Idee
selbst einen Krimi zu schreiben.

Es war uns klar, dass wir Hilfe
und Unterstützung brauchten.
Michael Kibler, ein Krimi Autor mit viel Erfahrung
hat mit uns gemeinsam alles
für den Krimi erarbeitet.

Einen Krimi zu schreiben bedeutet viel Arbeit.
Es war eine aufregende Zeit.
Und wir haben sehr viel gelernt.

Viele Male haben wir den Text
überarbeitet und geprüft
bis der Krimi als Buch gedruckt werden konnte.
Aber wir haben es gemeinsam geschafft.

Wir haben mit dem Krimi gezeigt,

dass es möglich ist,

dass Menschen mit und ohne Lernschwierigkeiten

sehr gut zusammen arbeiten können.